Augenmaß für Designer

Werkstoff

Augenmaß für Designer

50 praktische Übungen

erschienen im Werkstoff Verlag

ISBN 978-3943513-01-1

gedruckt auf 100 % Recyclingpapier

Typografie: Alright Sans

Idee und Gestaltung: Christian Büning

Druck und Bindung in Greven, Deutschland

Erste Auflage, 2012

www.werkstoff-verlag.de

Herzlichen Dank an Holger Arning für
beherztes Korrigieren!

Augenmaß für Designer

Designer leben davon, immer das richtige Augenmaß halten zu können. Diese Broschüre bietet 50 praktische Übungen, um das eigene Gefühl für Proportionen und Formen zu trainieren. Dieses Training ist für alle Designer gedacht, aber auch für alle, die Ihren eigenen Augen trauen möchten.

Sie brauchen nur ein Blatt Papier und einen Stift, und es kann losgehen. Am Ende des Heftes finden Sie die Lösungen.

Viel Spaß beim Training

50
ÜBUNGEN

Finden Sie zwei Quadrate!

Finden Sie zwei Rechtecke mit dem Seitenverhältnis 2:1!

Finden Sie zwei Rechtecke mit dem Seitenverhältnis 3:1!

Finden Sie zwei Rechtecke mit dem Seitenverhältnis 3 : 2!

Finden Sie ein Rechteck mit dem Seitenverhältnis 1:3!

Finden Sie ein Rechteck mit dem Seitenverhältnis 2:3!

Finden Sie zwei Rechtecke mit dem Seitenverhältnis 4:3!

Finden Sie zwei Rechtecke mit dem Seitenverhältnis 5 : 3!

Finden Sie ein Rechteck mit dem Seitenverhältnis 3 : 4!

Finden Sie ein Rechteck mit dem Seitenverhältnis 3:5!

Finden Sie zwei exakte Kreise!

Finden Sie zwei liegende, gleichseitige Dreiecke!

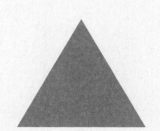

Finden Sie ein stehendes, gleichseitiges Dreieck!

Finden Sie zwei liegende, gleichschenklige Dreiecke wie unten!

Finden Sie zwei stehende, gleichschenklige Dreiecke wie unten!

Finden Sie zwei rechtwinklige Dreiecke wie unten!

1

2

3

4

5

6

7

8

9

10

11

12

13

14

15

16

17

18

Finden Sie zwei horizontale Linien!

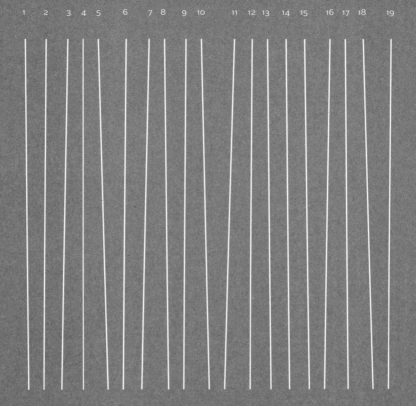

1 2 3 4 5 6 7 8 9 10 11 12 13 14 15 16 17 18 19

Finden Sie eine vertikale Linie!

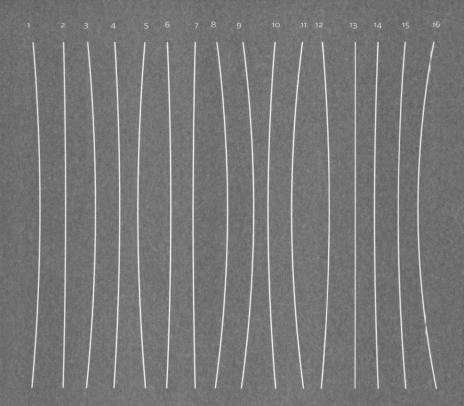

Finden Sie eine vertikale Gerade!

1

2

3

4

5

6

7

8

9

10

11

12

13

14

15

16

Finden Sie eine horizontale Gerade!

Finden Sie eine Linie mit 15 Millimetern Länge!

Finden Sie eine Linie mit 15 Millimetern Länge und 2 Millimetern Stärke!

Finden Sie zwei stehende Rauten!

Finden Sie zwei kippende Rauten wie unten!

Finden Sie zwei stehende Ovale!

Finden Sie zwei kippende Ovale wie unten!

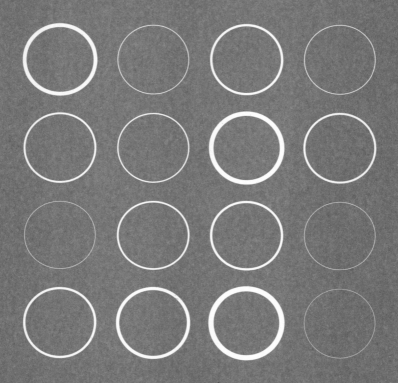

Finden Sie eine Kreislinie wie unten!

Finden Sie eine Rechtecklinie wie unten!

Finden Sie den Schnittpunkt zweier Geraden!

1   ✕

2   ✕

3   ✕

4   ✕

5   ✕
6   ✕
7   ✕

Finden Sie den Schnittpunkt zweier Kreissegmente!

✕ 1

✕ 2

✕ 3

✕ 4

✕ 5
✕ ✕ 6
✕ 7

Finden Sie zwei gekippte Linien wie unten!

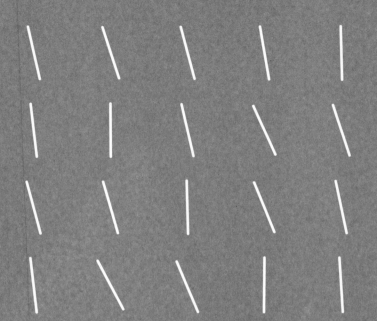

Finden Sie zwei gekippte Linien wie unten!

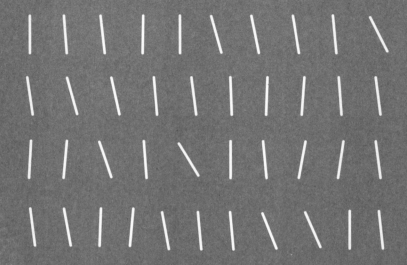

Finden Sie eine gekippte Linie wie unten!

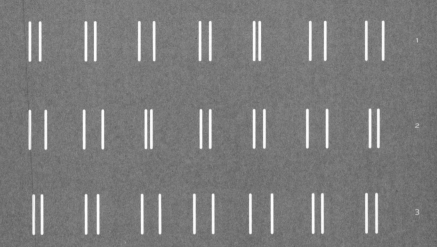

Finden Sie ein vertikales Linienpaar wie unten!

Finden Sie zwei horizontale Linienpaare wie unten!

Finden Sie zwei konisch zulaufende Linien wie unten!

Finden Sie zwei spitze Winkel wie unten!

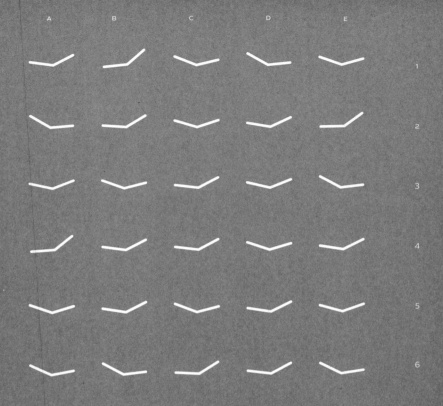

Finden Sie zwei stumpfe Winkel wie unten!

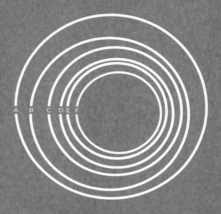

A   B   C D E F

Finden Sie eine Kreislinie wie unten!

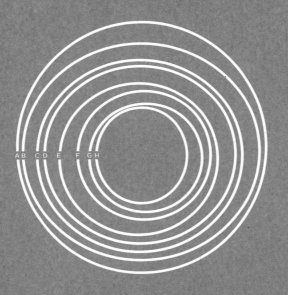

A B C D E   F G H

Finden Sie eine Kreislinie wie unten!

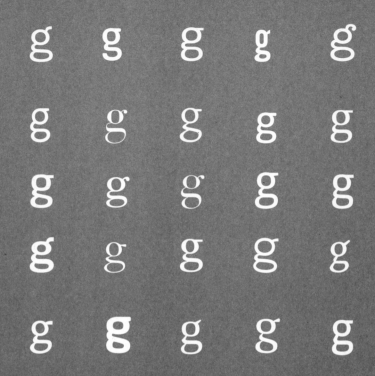

Finden Sie ein g wie unten!

g

a a a a a 1

a a a a a 2

a a a a a 3

a a a a a 4

a a a a a 5

Finden Sie ein a wie unten!

a

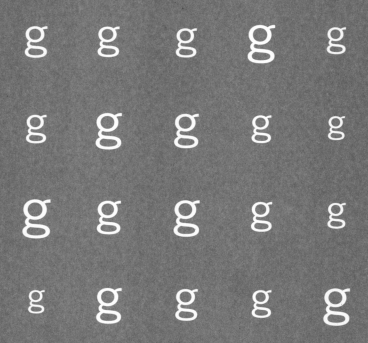

	A	B	C	D	E
1	g	g	g	g	g
2	g	g	g	g	g
3	g	g	g	g	g
4	g	g	g	g	g

Finden Sie ein g in 35 Punkt!

g

a a a **a** a 1

a a a a a 2

a a a a a 3

a a a a a 4

Finden Sie ein a in 45 Punkt!

a

1	a	a	a	a	a	a	a	a
2	a	a	a	a	a	a	a	a
3	a	a	a	a	a	a	a	a
4	a	a	a	a	a	**a**	a	a
5	a	a	a	a	a	a	a	a
6	a	a	a	a	a	a	**a**	a
7	a	a	a	a	a	a	a	a
8	a	**a**	a	a	a	a	a	a
9	a	a	a	a	a	a	a	a
10	a	a	a	a	a	a	a	a

Finden Sie drei a in semi medium!

1
2
3
4
5
6
7
8
9
10

Finden Sie ein geneigtes n!

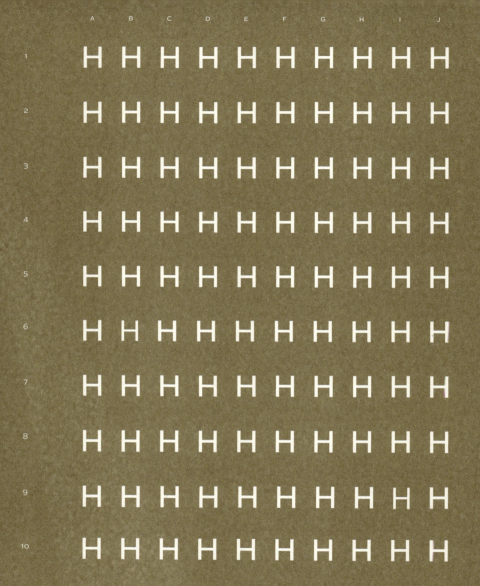

Finden Sie zwei falsche Kapitälchen!

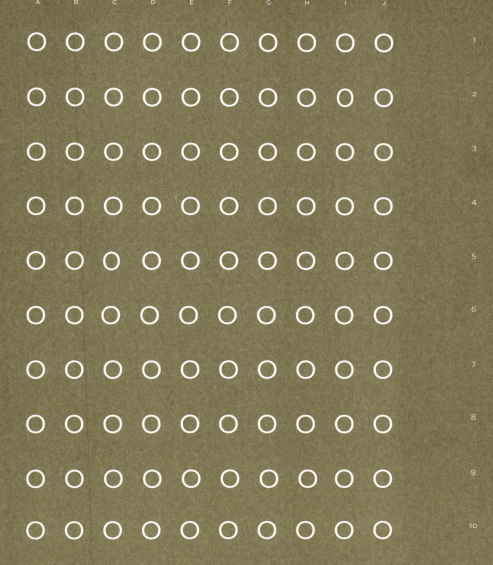

Finden Sie zwei Nullen!

1 ∩∩∩∩∩∩∩∩∩∩∩∩∩∩∩∩∩∩∩∩∩

2 ∩∩∩∩∩∩∩∩∩∩∩∩∩∩∩∩∩∩∩∩∩

3 ∩∩∩∩∩∩∩∩∩∩∩∩∩∩∩∩∩∩∩∩∩

4 ∩∩∩∩∩∩∩∩∩∩∩∩∩∩∩m∩∩∩∩∩

5 ∩∩∩∩∩∩∩∩∩∩∩∩∩∩∩∩∩∩∩∩∩

6 ∩∩∩∩∩∩∩∩∩∩∩∩∩∩∩∩∩∩∩∩∩

7 ∩∩∩∩∩∩∩∩∩∩∩∩∩∩∩∩∩∩∩∩∩

8 ∩∩∩∩∩∩m∩∩∩∩∩∩∩∩∩∩∩∩∩∩

9 ∩∩∩∩∩∩∩∩∩∩∩∩∩∩∩∩∩∩∩∩∩

10 ∩∩∩∩∩∩∩∩∩∩∩∩∩∩∩∩∩∩∩∩∩

11 ∩∩∩∩∩∩∩∩∩∩∩∩∩∩∩∩∩∩∩∩∩

12 ∩∩∩∩∩∩∩∩∩∩∩∩∩∩∩∩∩∩∩∩∩

13 ∩∩∩∩∩∩∩∩∩∩∩∩∩∩∩∩∩∩∩∩∩

14 ∩∩∩∩∩∩∩∩∩∩m∩∩∩∩∩∩∩∩∩∩

15 ∩∩∩∩∩∩∩∩∩∩∩∩∩∩∩∩∩∩∩∩∩

16 ∩∩∩∩∩∩∩∩∩∩∩∩∩∩∩∩∩∩∩∩∩

17 ∩∩∩∩∩∩∩∩∩∩∩∩∩∩∩∩∩∩∩∩∩

Finden Sie drei m!

qoqobqoqoqqooqoqoooqobqobo

qqoqoqoqoqooqqoqoqqoqoqo

oqoboboqoqoqoqoqoqoqoqooqo

qoqoboqoqoqoboqoboqbobob

oqoqqooqoqooooqoboqoboboo

qoqoboqoqqooqoqooooqoboboo

qooqoqoqoqqooqoqoooqoqobo

qoqoqooqoqoqoqqooqoqoooo

qoqoboqoboqoboqobobqqooqo

qoooqoqoqoqooqoqoboob

qoqoooqoqoqoqooqoqobobo

qqooqoqoooqoqoqoqoqooqoqo

qoqqoqoqoqoboqoboqoboboo

qoqoqoqqooqoqoqoboqoboboo

qoqoqoqoqqooqoqoqoooo

qoqoqooqoqoqoqqooqoqoooo

ooboboboqoboqoboqoqoqqooqo

Finden Sie ein p!

50

LÖSUNGEN

Für jede richtige Antwort gibt es einen Punkt:

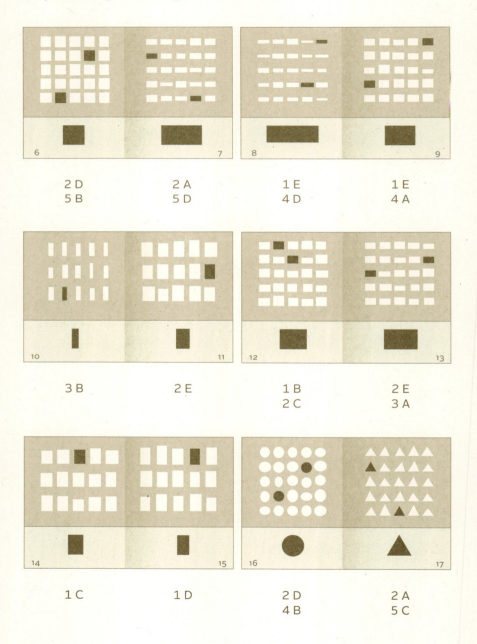

2 D	2 A	1 E	1 E
5 B	5 D	4 D	4 A

3 B	2 E	1 B	2 E
		2 C	3 A

1 C	1 D	2 D	2 A
		4 B	5 C

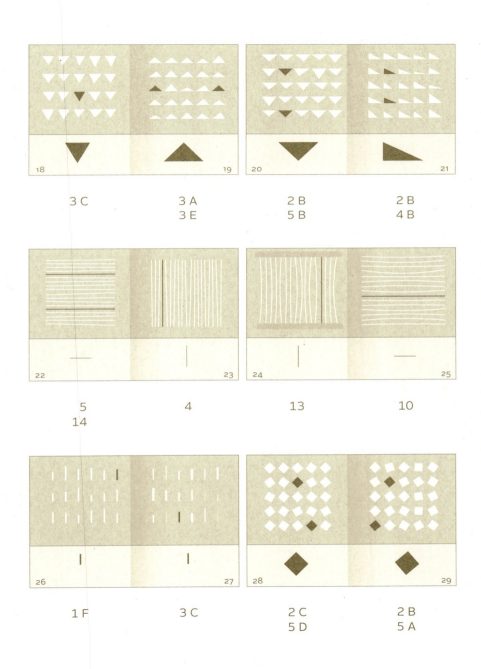

18   19

3 C

3 A
3 E

20   21

2 B
5 B

2 B
4 B

22   23

5
14

4

24   25

13

10

26   27

1 F

3 C

28   29

2 C
5 D

2 B
5 A

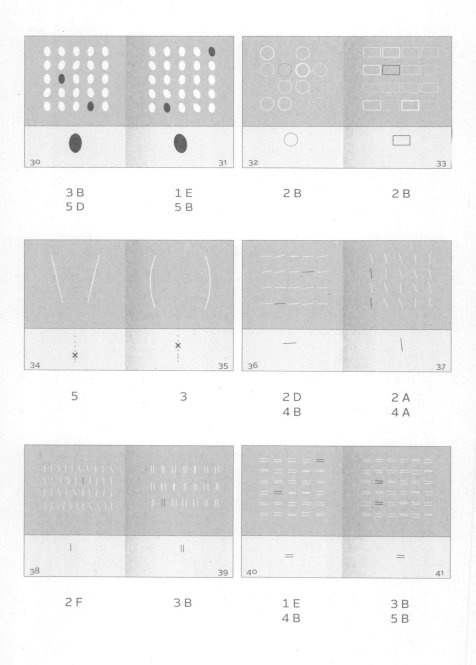

30
3 B
5 D

31
1 E
5 B

32
2 B

33
2 B

34
5

35
3

36
2 D
4 B

37
2 A
4 A

38
2 F

39
3 B

40
1 E
4 B

41
3 B
5 B

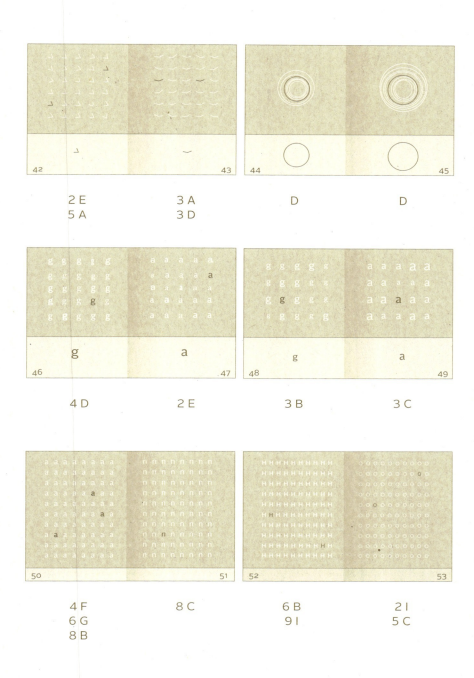

42   43

2 E   3 A
5 A   3 D

44   45

D   D

46   47

4 D   2 E

48   49

3 B   3 C

50   51

4 F   8 C
6 G
8 B

52   53

6 B   2 I
9 I   5 C

54   55

4   14
8
14

75 – 79 Punkte

Sie sind wahrhaftig das lebende Beispiel für ein gutes Augenmaß. Sie finden das einzige vierblättrige Kleeblatt auf der großen Wiese. Herzlichen Glückwunsch, Sie dürfen sich auf der nächsten Seite verewigen und dieses Trainingsbüchlein lächelnd einem Nachwuchsaugenmaß schenken.

51 – 74 Punkte

Sie haben den unbestechlichen Blick eines Vermessungsbeamten und können mühelos auch winzigste Variationen unterscheiden. Herzlichen Glückwunsch dazu! Eines sollten Sie aber nicht aus den Augen verlieren: Es gibt noch Potenzial nach oben.

21 – 50 Punkte

Sie schauen genau hin, lassen sich aber noch allzu oft täuschen. Trauen Sie ruhig Ihren Augen und lassen Sie sich nicht verrückt machen. Mit etwas Übung können Sie schon bald lässig die Quadrate finden und den Finger sicher auf die Gerade legen.

0 – 20 Punkte

Sie können ein Dreieck sicher von einem Quadrat unterscheiden, aber darüber hinaus ist ihr Blick leider so treffsicher wie Flipflops auf einem Staatsbegräbnis. Üben Sie, so viel es geht, aber mit Augenmaß. Oder drücken Sie einfach ein Auge zu.

RUHM & EHRE

Name   Punkte